MÉMOIRE
SUR LES PYRAMIDES
D'ÉGYPTE,

ET

SUR LE SYSTÈME RELIGIEUX
DE LEUR ÉRECTION ET DE LEUR DESTINATION.

POITIERS.

IMPRIMERIE DE F.-A. BARBIER, IMPRIMEUR DU ROI,
PLACE NOTRE-DAME.

1826.

MÉMOIRE
SUR LES PYRAMIDES
D'ÉGYPTE,

ET

SUR LE SYSTÈME RELIGIEUX
DE LEUR ÉRECTION ET DE LEUR DESTINATION.

PAR M. GRATIEN LEPÈRE,

INGÉNIEUR EN CHEF AU CORPS ROYAL DES PONTS ET CHAUSSÉES,
MEMBRE DE LA COMMISSION DES SCIENCES ET DES ARTS
DE L'EXPÉDITION FRANÇAISE EN ÉGYPTE.

. . . . . *Faciamus nobis civitatem et turrim*
cujus culmen pertingat ad cœlum.
Lib. Genesis, cap. XI.

POITIERS.
DE L'IMPRIMERIE DE F.-A. BARBIER, IMPRIMEUR DU ROI,
PLACE NOTRE-DAME.

1826.

AVERTISSEMENT.

———◦❖◦———

AYANT fait partie, de 1798 à 1801, de l'expédition française en Egypte, dont les grands résultats pour le retour de la civilisation se font déjà sentir en cette contrée, berceau de toutes les connoissances humaines dès l'enfance du monde, j'ai tenu, sur les lieux mêmes, un journal circonstancié de tout ce que j'y ai vu et remarqué dans le cours de cette expédition mémorable.

J'ai vu et visité toutes les Pyramides de l'ancienne Memphis dans six voyages que j'y ai faits, par terre et par eau, aux diverses époques des 22 avril et 15 décembre 1799, des 1.er et 12 septembre 1800, et des 3 janvier et 25 février 1801. Fortement frappé des divers sentimens que j'ai éprouvés à l'aspect de ces montagnes de pierres entassées avec art par la main des hommes, et que les anciens ont justement placées au nombre des sept merveilles du monde, j'ai voulu, à l'exemple de tant d'autres voyageurs, entasser aussi écrits sur écrits, dans un Mémoire général que j'ai minuté à Paris en 1803. On m'excusera peut-être d'avoir voulu inscrire mon nom à la suite de tous ceux qui, après les avoir visitées, en ont donné des descriptions dans le but de faire connoître leurs voyages.

« *Ex variis materiis, hunc mihi quoque parvulum ac* » *humile Ægyptiacum ædificavi monumentum.* »

Invité officiellement à communiquer mes manuscrits, par un savant du premier ordre, M. Berthollet, l'émule et l'ami de

1

Monge, les deux membres les plus distingués de la Commission
des sciences et des arts en Egypte, j'ai répondu à la lettre du
8 septembre 1818, de M. le Président de la Commission spéciale chargée de la direction de cet ouvrage monumental, en
livrant mon Mémoire inscrit dès l'origine de notre réunion en
France, sous la date du 3 octobre 1803, à l'un de nos collaborateurs, M. de Chabrol, à qui la Commission générale des
coopérateurs avoit assigné la rédaction du Mémoire sur les
Pyramides de l'ancienne Memphis.

Ce choix étoit trop bien fait pour ne pas me rendre à une
invitation qui n'avoit pour but qu'une centralisation nécessaire,
quand elle étoit évidemment d'ailleurs dans l'intérêt de l'ouvrage
commun. Tout me portoit à souscrire d'inclination à ce choix,
parce que j'avois su apprécier les connoissances et les qualités
personnelles de ce collègue en Egypte.

Par ses lettres des 10 novembre 1818 et 16 février 1819,
M. de Chabrol m'accusa réception de cette communication offi-
cielle, et toutefois de véritable confiance; mais les hautes fonctions que cet administrateur remplit encore, depuis 1812, dans
la première des préfectures de la France, ne lui ayant pas permis
de se livrer à un travail de cette nature, ce savant en a confié
la rédaction à son ami et ancien collègue M. Jomard, Commis-
saire du Gouvernement près la Commission spéciale des coopérateurs de l'ouvrage, et aujourd'hui membre de l'Académie des
Inscriptions et Belles-Lettres. Ce choix étoit encore trop juste
pour ne pas me déterminer à en agir avec la même confiance
envers ce savant auquel je porte un égal dévouement.

Je le prie d'excuser la citation que je fais ici d'un passage de
sa lettre du..... juin 1818, quand il m'a déjà donné un témoi-

gnage écrit de sa gratitude dans les divers Mémoires qu'il a publiés sur les Pyramides, et qui sont insérés dans le magnifique ouvrage sur l'Egypte :

« Je vous renvoie votre Mémoire sur les Pyramides : je vous remercie
» beaucoup de la communication que vous nous en avez faite ; il ren-
» ferme des faits intéressans qui vous appartiennent, et qui seront
» naturellement attribués à celui qui le premier les a observés et
» décrits, &c.
» Paris, le... juin 1818.   » *Signé* JOMARD. »

J'avois joint à ce Mémoire, en un chapitre final, quelques pages d'observations générales sur les Pyramides : pressentant que la forme sévère d'un ouvrage purement descriptif n'admettoit pas l'insertion d'observations de la nature de celles que j'offre ici, je les ai revues et rédigées en un Mémoire sur ces monumens étonnans de l'antiquité égyptienne.

Je ne joins pas à ce Mémoire les plans et cartes que j'avois particulièrement dressés, parce qu'on trouvera des plans, des profils et des cartes, sous les noms des personnes auxquelles ils appartiennent à plus juste titre qu'à moi, dans la dernière livraison du grand ouvrage de la Commission, qui a été présentée au Roi le 6 janvier dernier, et qui est au moment de paroître.

Je crois devoir ajouter ici un témoignage que j'ai reçu de l'estime de mes anciens collègues, dans l'extrait d'une lettre que MM. les membres de la Commission spéciale chargée de la direction de l'ouvrage ont écrite et remise à S. Exc. le Ministre de l'intérieur :

« PARIS, le 27 février 1826.

» Au moment de la clôture des travaux de la Commission, nous
» devons signaler à Votre Excellence la part que M. Gratien Lepère,

» ingénieur en chef des ponts et chaussées, a prise à la description de
» l'Egypte........ Il a introduit dans la même collection beaucoup de
» Mémoires qui intéressent la navigation intérieure, l'hydrographie,
» ainsi que la géographie ancienne et moderne.

» Mais ce qui recommande surtout M. Gratien Lepère, c'est la part
» très active qu'il a prise, pendant le cours de l'expédition, aux opéra-
» tions difficiles et pénibles du nivellement de l'isthme de Suez : aucun
» des ingénieurs n'a fait plus d'excursions dans le désert pour déter-
» miner les élémens de ce travail, qui intéresse également les sciences
» et la prospérité de l'Egypte, &c., &c. »

Il ne m'appartient pas de donner en entier tout le texte de
cette lettre; ce que j'en cite ici, non sans des motifs détermi-
nans, m'est un témoignage assez flatteur de l'estime de mes
anciens collègues, pour y trouver quelque dédommagement de
mes peines et de mes travaux en Egypte, ainsi que des soins
que j'ai pris, depuis mon retour en France, dans la rédaction
des Mémoires qui m'ont été assignés par MM. les collaborateurs
de l'ouvrage général de la Commission des sciences et des arts
qui ont fait partie de cette expédition.

Les membres signataires de la lettre précitée à S. Exc.
le Ministre de l'intérieur sont : MM. le général Lafond,
B.ᵒⁿ Fourier, B.ᵒⁿ Desgenettes, Girard, Lepère [mon frère
aîné], Jomard et Devilliers. Je les prie de recevoir ici les témoignages de ma gratitude, de ma haute considération et du
parfait dévouement que je leur conserverai toujours.

Poitiers, le 21 mars 1826.

G. L. P.

MÉMOIRE

SUR

LES PYRAMIDES D'ÉGYPTE,

ET

SUR LE SYSTÈME RELIGIEUX

DE LEUR ÉRECTION ET DE LEUR DESTINATION.

——————————

Parmi le nombre considérable de Pyramides que Strabon dit avoir vues à Memphis et au-dessus de Thèbes, il n'en existe, ou du moins l'on n'en compte plus aujourd'hui que vingt-deux de diverses grandeurs, que l'on peut désigner sous cinq dénominations, qu'elles prennent de leurs positions respectives et plus ou moins rapprochées des villages situés dans la partie centrale de l'Egypte, dans l'ordre de marche, du nord au sud, ainsi qu'il suit :

1.° Les trois grandes Pyramides de Gyzéh, bourg situé à sept mille mètres à l'est, sur la rive gauche du Nil, non compris treize à quatorze autres petites qui leur sont adjacentes ;

2.° Les cinq à six Pyramides d'Abousyr ou des Momies d'oiseaux ;

3.° Les cinq Pyramides de Ssaqqarah ;

4.° Les quatre Pyramides de Dahchour,

5.° Et les quatre dernières Pyramides les plus méridionales, celles de Myssenda, de Meydoùn, d'el-Lahoùn et de Hàouarah : ces deux dernières sont situées dans l'ancien nome Arsinoïte, aujourd'hui le Fayoûm, province centrale de l'Egypte.

Les grandes Pyramides de Gyzéh et de Ssaqqarah, situées dans l'étendue de l'ancien nome de Memphis, ont été bâties de pierres calcaires extraites, partie de la chaîne de montagne même où elles sont assises, partie de la montagne orientale du Nil. Hérodote dit à ce sujet (1) : « Chéops fit occuper les Egyptiens, les uns à fouiller les carrières des » montagnes d'Arabie, les autres à traîner de là jusqu'au Nil les pierres » qu'on en tiroit, et à passer ces pierres sur des bateaux de l'autre » côté du fleuve; d'autres les recevoient et les traînoient jusqu'à la » montagne de Lybie : on employoit, tous les trois mois, cent mille » hommes à ce travail ».

On doit penser que le nombre considérable de grottes que l'on trouve pratiquées dans l'escarpement de la montagne d'Arabie, aujourd'hui désignée sous le nom de *Gebel Moqattam*, dans toute la partie comprise entre la ville du Caire et le village d'*el-Halowan*, c'est-à-dire entre l'ancienne Babylone d'Egypte et la partie correspondante à la position de l'ancienne Memphis, ont été creusées et taillées pour servir, tout en fournissant des matériaux, de casernes à la multitude des ouvriers qui ont dû être employés à l'extraction, à la taille ainsi qu'aux transports du prodigieux amas de pierres qu'exigeoient ces immenses constructions.

On ne doit pas douter que les Pyramides n'aient été construites de la manière même dont le rapporte Hérodote, c'est-à-dire qu'elles ont été bâties en forme de degrés, par tranches horizontales et de hauteurs réglées par celles des assises de leur revêtement; ces pierres étant successivement encastrées les unes dans les autres, et le tout à la manière des degrés ou marches d'un immense escalier. C'est sur ces degrés que l'on plaçoit des pièces de charpente, et que, soit au moyen de chèvres, de poulies et de leviers, soit au moyen de treuils et de leurs cordages, l'on montoit alternativement de l'un à l'autre les pierres

_____

(1) Herodot., Euter., lib. II, §. 124-125.

de taille et les matériaux qui étoient employés à leur construction. On ne doit pas douter encore que les pierres de revêtement n'aient été placées en même temps que celles de la masse intérieure, par arasement planiforme ; car l'on avoit besoin de l'énormité de leurs dimensions pour résister à la charge des machines de transport et aux manœuvres des ouvriers. Après l'achèvement de la Pyramide, on a dû en commencer le ravalement par les parties supérieures, en descendant successivement de la cime à la base, et ce, en faisant passer le plan général d'inclinaison de leurs faces triangulaires à quelques doigts en dedans des angles rentrans de chacun des degrés, de manière à ne présenter, en dernier résultat, que les plans parfaitement taillés et dressés des quatre faces pyramidales du monument.

Quoique les Pyramides soient des constructions réellement gigantesques, on n'en conclura pas qu'elles sont, comme le feroit croire l'opinion populaire, l'ouvrage d'un ancien peuple de géans, tel qu'il en auroit existé, si l'on s'en rapporte aux anciennes traditions, dans la Palestine, dans la Sicile, et même dans quelques parties de l'Amérique (1). Les dimensions des sarcophages de l'Egypte, ainsi que celles des momies qu'on trouve en si grand nombre dans les catacombes de Memphis, sont autant de témoignages muets, mais irrécusables, que les peuples qui les élevèrent n'étoient pas d'une stature supérieure à celles des peuples de l'Europe moderne.

Quelque opinion que l'on puisse avoir sur le peu d'utilité que les Pharaons, qui firent construire les Pyramides, retirèrent des travaux immenses de leur érection, on cessera de gémir en quelque sorte sur les tourmens qu'eurent à endurer les peuples qui y furent employés, si l'on considère qu'ils ne furent faits que par des hommes de guerre, nationaux ou étrangers, ou par des prisonniers de guerre (2), pour les détourner de ces mouvemens séditieux et toujours dangereux au sein d'une grande masse d'hommes réunis et abandonnés à l'oisiveté.

(1) Voir la Dissertation sur les Géans, dans la Bible de Dom Calmet, tome IV, pages 372, 400, 768.

(2) Herodot. lib. II, §. 108.

Diodore (1) dit que Sésostris n'employa pas les Egyptiens à ces travaux, mais qu'il en chargea les prisonniers de guerre qu'il avoit ramenés de Babylone, et que ces esclaves, ne pouvant supporter les travaux pénibles auxquels ils furent assujettis, secouèrent le joug, firent la guerre aux Egyptiens, ravagèrent la campagne, et finirent par s'établir dans la Babylone d'Egypte, par un traité, vers l'an 2980 du monde, environ 400 ans après l'expédition de Sémiramis, dont l'époque date de l'an 2600 du monde, ou 2100 avant l'ère vulgaire.

C'est encore aux mêmes travaux qu'il est à présumer que les Egyptiens employèrent en grande partie les Israélites, leurs prisonniers de guerre, durant les deux cent quinze années de leur captivité, de l'an 2994 à l'an 3209 du monde (2). C'est une opinion que l'on prend du livre de l'Exode, qui parle de ces quantités exhorbitantes de briques crues que les chefs de travaux exigeoient journellement des Israélites, du temps de Moïse et d'Aaron, leurs grands-prêtres, d'après les ordres du Pharaon. La fabrication considérable de briques que faisoient faire à cette époque les Egyptiens, et qu'ils employoient, soit aux murs d'enceintes de leurs villes ou des temples soumis aux inondations du fleuve, soit à l'érection de quelques Pyramides que l'on retrouve encore aujourd'hui dans toute l'étendue de la chaîne de montagne qui borde l'ancien nome de Memphis, et jusques au lac Mœris, pouvoit avoir un autre but d'utilité, celui de déblayer les canaux d'irrigation des envasemens que les eaux du fleuve y amènent annuellement (3).

(1) Diodorus, Rerum antiquarum lib. II., cap. 1.

(2) Lib. Exodi, cap. XII, v. 40. « *Habitatio autem filiorum Israël quâ manserunt in Ægypto,* » *fuit quadragintorum triginta annorum.* »

(3) « *Ait ad eos rex Ægypti : Quare Moyses et Aaron sollicitatis populum ab operibus suis ? ite* » *ad onera vestra..... Præcepit ergo in die illo præfectis operum et exactoribus populi, dicens :* » *Nequaquam ultrà dabitis paleas populo ad conficiendos lateres, sicut priùs : sed ipsi vadant et* » *colligant stipulas et mensuram laterum, quàm priùs faciebant, imponetis super eos, nec minuetis* » *quidquam... Opprimantur operibus et expleant ea ut non acquiescant verbis mendacibus. Igitur* » *egressi præfecti operum et exactores, ad populum dixerunt : Sic dicit Pharao : Non do vobis* » *paleas; ite, et colligite sicubi invenire poteritis, nec minuetur quidquam de opere vestro. Dis-* » *persusque est populus per omnem terram Ægypti ad colligendas paleas. Præfecti quoque* » *operum instabant, dicentes : Complete opus vestrum quotidie, ut priùs facere solebatis quando*

Le

Je citerai à l'appui de cette opinion et du passage du livre de l'Exode donné ici en note, que l'on retrouve encore aujourd'hui quatre à cinq Pyramides en briques non cuites, dont deux, que j'ai visitées, sont situées, l'une près et à l'ouest du village de Dahchour, sur le bord de la montagne, et la seconde à 15 ou 1600 pas au nord, non loin des ruines de Memphis.

Les briques de fortes dimensions dont ces deux Pyramides de moyenne grandeur sont construites, ont été fabriquées d'une terre noirâtre et sablonneuse, évidemment pétrie du limon du Nil, et dans lesquelles on reconnoît très bien la paille hachée, que l'Exode dit qu'on y incorporoit, sans doute pour en opérer une liaison plus intime. Quoique ces deux Pyramides soient dans un état de dégradation assez avancé, on trouve dans l'intérieur de leur masse, qui est encore considérable, des briques parfaitement conservées, portant l'empreinte du sceau royal dont on avoit soin de les marquer.

MM. Jomard et Martin parlent des deux dernières Pyramides, celles d'el-Lahoùn et de Hâouarah, situées à l'entrée du Fayoùm, à deux lieues l'une de l'autre, non loin de la position du fameux Labyrinthe et du lac Mœris, dans l'étendue duquel lac Hérodote dit avoir vu deux grandes Pyramides qui n'existent plus aujourd'hui (1). Les deux dernières Pyramides précitées sont également construites, en grande partie, en briques non cuites et de fortes dimensions. Il est vraisemblable que c'est l'une de ces deux Pyramides qui portoit cette inscription qu'Hérodote attribue à Asychis, successeur de Mycérinus, qui régnoit vers l'an 1052 avant l'ère vulgaire :

« Ne me méprise pas en me comparant aux Pyramides de pierre : je

---

» dabantur vobis paleæ. Flagellatique sunt qui præerant operibus filiorum Israël, ab
» exactoribus Pharaonis, dicentibus : Quare non impletis mensuram laterum sicut priùs, nec
» heri, nec hodie? Veneruntque præpositi filiorum Israël... ad Pharaonem, dicentes : Cur ita
» agis contra servos tuos? Paleæ non dantur nobis, et lateres similiter imperantur nobis : en
» famuli tui flagellis cædimur, et injustè agitur contra populum tuum... Ite ergo, et operamini :
» paleæ non dantur vobis, et reddetis consuetum numerum laterum, &c. » Liber Exodi, cap.
V, v. 4, 6, 7, 13 et 19.

(1) Herodot. lib. II, §§. 136 et 149.

2

» suis autant au-dessus d'elles que Jupiter est au-dessus des autres dieux ;
» car j'ai été bâtie de briques faites du limon tiré du fond du lac ». C'est,
ajoute notre historien, tout ce qu'Asychis fit de plus mémorable.

Cette inscription néanmoins pourroit aussi bien appartenir à l'une
des Pyramides de Memphis, dont j'ai précédemment parlé, puisqu'on
sait par Hérodote (1) que Ménès avoit fait creuser un grand lac au nord
et à l'ouest de Memphis, avec un canal qui le faisoit communiquer au
fleuve dont il avoit détourné le cours, au moyen d'une grande digue
construite au midi de cette capitale.

Enfin nous avons été à même de reconnoître sur les lieux mêmes des
ruines de Memphis, d'Héliopolis, de Bubastis, de San (l'ancienne
Daphné) et de Peluse, des enceintes d'une épaisseur considérable, très
bien construites avec des briques de cette nature, et dont le but étoit
de servir tout à la fois de défense en temps de guerre, et, en tout
temps, contre l'exhaussement successif des crues annuelles du fleuve
avec celui de son lit et du sol de l'Egypte.

Le premier sentiment que le voyageur éprouve à l'aspect des Pyramides d'Egypte est celui de l'étonnement. L'émotion secrète qu'il res-
sent au pied de ces monumens est moins l'effet de l'admiration pour
une grande chose, que celui d'une espèce de stupeur qui le force à
s'arrêter, et bientôt à comparer la petitesse de la stature humaine à
l'immensité de cette œuvre inconcevable de la main des hommes.

S'il n'y considère, à la première vue, que leur masse imposante,
sous laquelle la montagne semble affaissée, son imagination effrayée
n'y verra d'abord, avec Voltaire, qui n'en parle qu'avec dédain, qu'une
monstrueuse construction, dans l'affligeant souvenir de l'asservissement
des peuples qui ont été condamnés à entasser vainement un aussi prodigieux amas de pierres, que Pline qualifie de l'expression latine *por-
tentosæ moles*, et qu'il a frappé de cette sentence retentissante encore
sur cette terre antique :

Regum pœcuniæ otiosa ac stulta ostentatio (2).

(1) Herodot. lib. II, §. 99.
(2) Plinii lib. XXXVI, cap. 12.

Pénétré d'abord du même sentiment que cet ancien historien de la nature semble avoir gravé en lettres ineffaçables sur chacune des pierres apparentes de leur revêtement, je m'écrierai après les avoir vues :

> Monumens éternels de la puissance humaine,
> Où l'esclave à ses pieds voit à son tour les rois ;
> Tombeaux des Pharaons, dont la structure vaine
> Du temps et de la mort ose braver les lois ;
>   Vous les bravez en vain !
> Quand le temps et la mort, de leur faux meurtrière,
> Voyant tous les mortels du même œil de dédain,
> Frappent en leur palais, ainsi qu'en leur chaumière,
>   Soumis aux mêmes lois,
> Et le pauvre et le riche, et l'esclave et les rois (1).

J'ai dit avoir gravi la cime du plus élevé de ces monumens, en plein jour, au lever comme au coucher du soleil, et aux époques annuelles et périodiques où les plaines de la vallée offrent successivement le riant tableau de la plus riche culture, après celui non moins admirable d'un bras de mer parsemé de nombreuses îles, occupées par des villes et villages qui ressemblent, comme le dit Hérodote, aux îles de la mer Ionienne.

J'ai vu, comme Hérodote, l'un et l'autre de ces deux grands aspects de l'Egypte et de la Grèce ; je puis donc assurer, après cet historien et tous les voyageurs qui ont gravi la cime de ces monumens éternels de la mort, que, soit que l'astre du jour les embrase de ses feux, soit qu'à son aurore comme à son déclin il n'en éclaire qu'une

---

(1) Horace avoit dit, il y a dix-huit siècles et demi (*Ode 4, lib. I*) :
> *Pallida mors æquo pulsat pede pauperum tabernas,*
> *Regumque turres..........*

Malherbe, dans sa charmante épître à Dupérier sur la mort de sa fille, avoit dit plus heureusement encore après Horace :
> La Mort a des rigueurs ....
> Le pauvre en sa cabane où le chaume le couvre
>   Est sujet à ses lois ;
> Et la garde qui veille aux barrières du Louvre
>   N'en défend pas nos rois.

des faces, en laissant dans l'ombre celle qui lui est opposée, soit encore que l'astre de la nuit les éclaire de son pâle flambeau, l'observateur y jouit de l'un des plus étonnans spectacles que l'homme ait laissés de son passage sur la terre. Du haut de leur cime élevée ses facultés semblent s'y être aggrandies, quand, après en avoir escaladé les degrés, sa vue lui paroît s'étendre au-delà des bornes qu'un immense horison lui offre de toute part. Du côté de l'orient, au nord comme au midi, il abaisse ses regards sur des champs parés de la plus riante verdure, ou sur les eaux paisibles d'un fleuve bienfaisant, dont les crues annuelles ne recouvrent pour quelques mois ces mêmes campagnes, que pour en renouveler la fraîcheur et en perpétuer la richesse. Plus loin, et les yeux encore fixés vers les portes du jour, le tableau est resserré par cette chaîne de montagnes arides, dont la solitude franchit la mer Rouge et pénètre dans les déserts de l'Arabie pétrée. Enfin si, après avoir salué le soleil à son aurore, il veut encore le voir se plonger dans le sein de l'Océan atlantique, sa vue attristée se perd dans l'immensité des déserts de la Lybie, dont les sables encore brûlans des feux du jour lui réfléchissent l'image ondulée d'une mer sans eau.

Après m'être acquitté envers l'une des sept merveilles de l'ancien monde du tribut d'admiration que, du haut de leur cime, on est forcé de rendre encore à leurs restes imposans, descendons dans la profondeur de leurs fondemens, pour y méditer, du sombre séjour de la mort, sur l'esprit religieux de leur destination et sur le néant des grandeurs humaines.

Sans rejeter entièrement la tradition populaire qui attribue la construction des Pyramides aux Titans de la fable (1), j'en comparerai les travaux gigantesques à ceux de la tour de Babel, que la postérité de Noé vouloit élever jusqu'aux nues, (402 années environ après le déluge,) pour surmonter la hauteur des eaux d'un nouveau fléau de la

_____

(1) Ovide dit, en parlant des Titans ou géans de la fable :

Affectâsse ferunt regnum cæleste Gigantes
Altaque congestos struxisse ad sidera montes.

Metamorph., lib. I, §. 11.

même nature. Noé, le père de la race humaine, échappé en lui et sa famille au désastre du déluge (1), quoique prévenu, dit la Genèse, par Dieu même, que la terre ne seroit plus ravagée par un semblable fléau, n'avoit pu bannir de sa race, alors nombreuse, la crainte générale dont le premier avoit si fortement frappé l'esprit inquiet des peuples. On a un témoignage irrécusable de cette terreur dans les restes encore immenses qu'on retrouve aujourd'hui de cette tour aux environs de l'ancienne Babylone, entre les fleuves du Tygre et de l'Euphrate. Ce témoignage est un de ceux qui attestent l'authenticité des livres sacrés de l'antiquité judaïque et babylonienne, qui nous en ont transmis le souvenir historique, puisque les restes de cette tour pyramidale (2) conservent encore le ciment-bitume dont la Genèse dit textuellement qu'on se servit, au lieu de mortier ordinaire, dans sa construction (3).

D'une autre part, Hérodote nous apprend que le gouvernement des Egyptiens fut tout à la fois despotique et théocratique, puisque, suivant cet historien, les Pharaons ne faisoient jamais aucune grande entreprise sans avoir pris les conseils du hyérophante ou grand-prêtre, qui consultoit lui-même le sacré collége de Memphis ou d'Héliopolis (4). C'est donc dans les dogmes et les mystères de ce peuple su-

---

(1) Ovide dit, en parlant du déluge (*Metamorph.*, *lib. I*, §. *15*) :
Omnia pontus erant ; deerant quoque littora ponto.

Tout étoit mer ; la mer n'avoit pas de rivages.

Traduction de M. de Saint-Ange, édit. 1808.

(2) *Liber Genesis*, *cap VI*, *v. 9, 10 et 11*.
« La tour de Babel auroit été construite l'an 2058 du monde, c'est-à-dire 402 ans après le déluge, arrivé l'an 1656 de la création. »
D. Calmet dit que cette tour auroit été bâtie par Nemrod, 536 années après le déluge, et près de 2000 années avant J.-C. *Bible de D. Calmet*, *tome I.er*, *pages 510-512*.
(3) Liber Genesis, cap. XI, v. 3 et 4.
« *Dixitque alter ad proximum suum : Venite, faciamus lateres, et coquamus eos igni.*
« *Habueruntque lateres pro saxis, et bitumen pro cæmento : et dixerunt, venite faciamus nobis* » *civitatem et turrim, cujus culmen pertingat ad cœlum.* »
(4) Herodot., lib. II, §. 142.

perstitieux et idolâtre que nous allons reconnoître la véritable cause de l'érection et de la destination des Pyramides de l'Egypte.

La Genèse, ce livre dont l'antiquité est antérieure à ceux d'Hérodote, de Pythagore, d'Homère, d'Hésiode, de Sanchoniaton et d'Orphée, puisqu'il est attribué à Moïse, qui vivoit l'an 3100 du monde, c'est-à-dire 1600 avant l'ère chrétienne et 300 ans avant Orphée, le plus ancien des écrivains profanes; la Genèse, le premier des cinq livres de Moïse, commence ainsi (1) :

« *In principio creavit Deus cœlum et terram.*

» *Terra autem erat inanis et vacua, et tenebræ erant super fa-*
» *ciem abyssi : et Spiritus Dei ferebatur super aquas.....*

» *...... Divisitque aquas quæ erant sub firmamento, ab his*
» *quæ erant super firmamentum.* »

Ce texte historique nous représente l'état de la terre plongée dans le Chaos, c'est-à-dire dans le sein des eaux et des ténèbres, à une époque que l'Ecriture sainte reporte à 4700 années avant l'ère chrétienne.

Hésiode dit dans ses poésies : « Le Chaos a été avant toutes » choses (2) ».

Ovide a dit, en parlant du Chaos (3) :

> *Ante mare et tellus, et quod tegit omnia, cœlum,*
> *Unus erat toto naturæ vultus in orbe,*
> *Quem dixére Chaos.*

Les savans pourront ne pas s'accorder sur l'époque précise de cet état de la terre; mais tous s'accordent sur les diverses révolutions matérielles auxquelles elle paroît sujette par sa nature. Ces révolutions, que la terre a incontestablement éprouvées diverses fois, sont-elles pé-

(1) *Liber Genesis, cap. I.* L'Eglise attribue les cinq premiers livres de l'ancien Testament à Moïse, le législateur des Hébreux, qui avoit étudié la philosophie des Egyptiens et des Phéniciens. Ces cinq livres sont la Genèse, l'Exode, le Lévitique, les Nombres et le Deutéronome.

(2) Hesiod., Theogon., v. 116.

(3) Metamorph., lib. 1, §. 1.

riodiques? c'est ce qu'il n'a pas encore été donné à l'esprit humain, qui a lu dans le grand livre de la nature et jusque dans la voûte des cieux, de pouvoir connoître, et qu'il ne connoîtra sans doute jamais, par des causes que nous ne devons pas rechercher, mais que l'on pourra démêler parmi quelques-unes des diverses opinions des anciens philosophes que nous allons rapporter, sur la nature du globe terrestre.

La métempsycose, dans le système religieux des Egyptiens, a été fondée sur l'admission du principe de l'éternité de la matière, bientôt après sur ses diverses métamorphoses ou transformations; d'où s'en est suivi l'opinion ou système de la résurrection des corps, et enfin de celui de l'immortalité de l'âme. Hérodote dit à ce sujet (1) :

« Les Egyptiens sont les premiers peuples qui aient avancé que l'âme
» de l'homme est immortelle, et que, lorsque le corps vient à périr,
» elle entre dans celui de quelque animal, et qu'après avoir ainsi passé
» successivement dans tous les corps des animaux terrestres, aquatiques
» et volatiles, elle rentre dans un corps d'homme, et que ces diffé-
» rentes transmigrations se font dans l'espace de trois mille ans. »

On ne doit pas être étonné, d'après le système de la métempsycose, que les Egyptiens aient cherché et trouvé, dans l'art des embaumemens, les moyens d'éterniser, pour ainsi dire, les dépouilles mortelles de l'homme et même celles des animaux, et que les grands et les princes aient recherché, surtout dans la solidité et la durée de leurs tombeaux, qu'ils appeloient *leurs demeures éternelles*, les moyens de les préserver de la destruction. Mais en se reportant aux siècles dans lesquels les Pyramides ont été élevées avec de prodigieux efforts de bras, de temps et de dépense, on retrouvera le véritable motif de leur immensité dans le souvenir, encore récent à cette époque, du désastre universel que le déluge avoit dû laisser, et dans l'inquiétude et les craintes trop fondées de nouveaux désastres prédits par tous les mages et savans de l'Egypte.

Solon, qui voyageoit en Egypte l'an 4100 du monde, c'est-à-dire

(1) Herodot. lib. II, §. 123.

600 ans avant J.-C., rapporte en ces termes ce que les prêtres, lui dirent touchant la nature de la terre (1) : « *Certis temporum curri-* » *culis illuvies immissa cœlitùs, omnia populatur, multa quœ et* » *varia hominum fuére exitia ; ideò qui succedunt et litteris et mu-* » *sis orbati sunt.* » « Un déluge d'eau doit tomber du ciel à cer- » taines époques périodiques, et porter une destruction universelle » sur toute la terre : ceux qui échappent à ces Chaos vivent dans » l'ignorance et la barbarie. »

Ovide, dans les premiers chapitres de son beau poëme des Méta- morphoses, après avoir parlé du Chaos, de la formation de la terre et du système du monde, dit textuellement (2) :

> *Esse quoque in fatis reminiscitur, adfore tempus,*
> *Quo mare, quo tellus, correptaque regia cœli*
> *Ardeat ; et mundi moles operosa laboret.*

« Il est écrit, dans le livre des destins, qu'il viendra un temps où la » mer, confondue avec la terre et les cieux, seront enflammés, et où » la pesante machine sera bouleversée. »

Cicéron, qui écrivoit un demi-siècle à peine avant ce poëte, dit que cette opinion sur la nature de la terre étoit professée par la secte des stoïciens (3).

Héraclite et Empédocles avoient professé la même doctrine avant les stoïciens. Stace et Properce l'avoient adoptée.

Lucrèce, philosophe de la secte d'Epicure, qui écrivoit 85 années avant l'ère chrétienne, avoit dit :

> *Una dies dabit exitio, multosque per annos*
> *Sustentata ruit moles et machina mundi* (4).

« La machine du monde, après s'être soutenue pendant un grand » nombre de siècles, périra en s'écroulant en un seul jour. »

(1) Plato, in Timæo.
(2) Ovid., Metamorph., §§. 1-15.
(3) Cicer., de Nat. Deor., lib. II.
(4) Lucret., de rerum Natura, lib. **V.**

Lucain

Lucain s'exprime ainsi (1) : « Un feu général est destiné à la dés-
» truction du monde, et rien n'échappera à la fureur des flammes
» lorsqu'un jour le ciel et la terre s'embraseront... Lorsque les siècles
» seront parvenus à leur dernière heure, et que le lien qui unit toutes
» choses sera rompu, le monde étant prêt à rentrer dans l'ancien Chaos,
» tous les astres confondus se choqueront les uns les autres; les corps
» enflammés se précipiteront dans la mer; la terre repoussera les eaux
» loin de leurs rivages; la lune, dédaignant son cours et ses fonctions
» ordinaires, voudra tenir la place du soleil, et la discorde enfin
» s'emparant de tout l'univers, rompra l'union à laquelle il devoit son
» existence ».

Sénèque, contemporain de Lucain, rapporte en ces termes cette
même opinion (2) : « Le jour fatal étant arrivé où les lois par lesquelles
» le monde subsiste seront détruites, le pôle austral tombant impétueu-
» sement sur la terre, écrasera les peuples de l'Afrique; le pôle arctique
» accablera de même les peuples du nord; le soleil obscurci ne rendra
» plus aucune lumière; les colonnes du ciel seront renversées, et dans
» leur chute entraîneront la ruine générale du genre humain : les Dieux
» mêmes n'en seront pas exempts : tout rentrera dans le Chaos, et la mort
» terminera le destin de tous les êtres. Que deviendra le monde alors » ?

Celse, qui vivoit du temps où les apôtres prêchoient la doctrine du
Christ, dit que cette opinion étoit généralement répandue, ainsi que
celle de la fin prochaine du monde, dans toute la Judée et la Mésopotamie (3).

L'historien juif Josephe dit (4) : « Adam ayant prédit que le monde
» devoit périr par l'eau, et ensuite par le feu, les enfans de Seth éle-
» vèrent deux colonnes en Syrie; l'une en pierres, pour résister à
» l'eau, et l'autre en briques cuites, pour résister au feu qui devoit tout

---

(1) Lucan., de Bell. civ. lib. I, v. 72, et lib. VII, v. 812.
(2) Natura Quæst. Senec., lib. III, cap. 13.
(3) Origen. contra Cels., lib. V, cap. 14.
(4) Josephe, Antiquités judaïques, liv. I.er, cap 11, §. 3.
Josephe, qui décrit dans son Histoire les horreurs du siége et du sac de Jérusalem par
Titus, vivoit vers la fin du premier siècle de l'ère chrétienne.

» consumer. » La colonne en pierre se voyoit encore de son temps.

Plutarque, contemporain de Pline, dit que Zénon, chef de la secte des Stoïciens et originaire de Phénicie, professoit publiquement la même doctrine, et que tous ces divers systèmes de l'ancienne philosophie se trouvoient dans les écrits d'Orphée et d'Hésiode (1).

Macrobe, contemporain de S. Jérôme, qui avoit étudié la philosophie des anciens, dit touchant la même doctrine : « Il n'arrive jamais » que le déluge couvre la terre entière, ni que l'embrasement soit » général dans le globe. Les hommes qui échappent à la fureur de ces » fléaux sont donc comme la pépinière qui sert à réparer la diminution » survenue au genre humain. Ainsi, quoique le monde ne soit pas nou- » veau, il paroît l'être, parce que les hommes, réduits à un petit » nombre, retombent dans la barbarie et la grossièreté, inséparables » de la solitude, jusqu'à ce que, venant à se multiplier, la nature les » porte à se former en sociétés, où règnent d'abord cette candeur et » cette simplicité innocentes qui ont fait donner le nom d'*âge d'or* aux » premiers siècles du monde (2) ».

Enfin cette opinion se retrouve dans les écrits de S. Pierre, d'Origène, de S. Jérôme, de S. Jean Chrysostôme, de S. Augustin et d'autres Pères de l'Eglise.

D'après un aussi grand nombre de citations sur les divers systèmes de l'ancienne philosophie touchant la nature de la terre, nous dirons, que ce fut autant par l'intime conviction que pour l'affermissement du dogme de l'éternité d'un Dieu créateur de toutes choses, et enfin de celui de l'immortalité de l'âme, que les princes et les Pharaons de l'Egypte se firent élever, de leur vivant, ces monumens de leur puissance; et que c'est à cette prédiction, généralement répandue par tous les savans de l'antiquité, en Egypte, en Abyssinie, en Perse, en Syrie, dans la Grèce et jusque dans les Gaules, que l'on doit attribuer l'immensité de leur masse, pour les rendre indestructibles au

(1) Plutarchus, de Oracul. defectu, page 45, E F, tome II.
(2) Macrob., somm. sep., lib. II, cap. 10.
Voir l'Encyclopédie méthodique sur la philosophie ancienne et moderne, tome III.

milieu de la submersion ou de l'embrasement par lesquels la terre, en rentrant dans le Chaos, dont elle est sortie diverses fois sans doute, doit ramener le bouleversement de tout ordre des choses.

Si cette opinion paroît suffisamment établie, nous ajouterons qu'il semble que les Pharaons aient en effet réussi à rendre impérissables ces monumens de la mort, qu'ils appeloient, comme nous l'avons déjà dit, leurs demeures éternelles.

Quelques écrivains anciens et modernes ont avancé que ces monumens funéraires étoient consacrés à l'astre du jour, l'âme de l'univers. La précision avec laquelle les quatre faces des Pyramides sont orientées, ainsi que l'étoient généralement tous les temples des Hébreux et que le sont ceux des Mahométans dans toute l'Asie, semble confirmer ce sentiment, quand on sait d'ailleurs que les Pyramides ont beaucoup de rapports avec les monumens analogues que les voyageurs modernes ont visités chez les Indiens.

Si, comme quelques savans modernes l'ont encore avancé, les Pyramides avoient été orientées pour avoir un méridien, dont l'indestructibilité pût faire connoître, dans la suite des siècles, les changemens que pourroient éprouver les pôles du monde, on est encore redevable aux prêtres et savans de l'Egypte, d'être assuré que depuis trois à quatre mille ans les pôles du monde conservent leur position respective dans le système de l'univers, puisque ces monumens que j'appellerai *terrestres*, qui comptent cette haute antiquité de durée, conservent toujours l'immobilité des quatre points cardinaux de leur primitive construction.

Et en effet, à en juger par l'inclinaison assez uniforme des galeries secrètes et extérieures de la face septentrionale de toutes les Pyramides ouvertes de Memphis, les savans de l'Egypte, qui connoissoient l'inclinaison de l'axe de la terre sur le plan de son orbite, pensoient que l'axe du globe, incliné de 23° 30', avoit d'abord été parallèle à celui du plan de son orbite, ce qui supposeroit un printemps perpétuel; qu'il s'étoit ensuite incliné, et qu'il lui redeviendroit parallèle (1).

(1) Voir la Théorie de la Terre, par M. de la Métherie, tome V, page 425.

On remarquera que l'inclinaison du plan de la galerie extérieure de ces Pyramides varie de 23 à 26 degrés sous la ligne horizontale déterminée par le point de leur entrée généralement pratiquée sur la face nord. L'inclinaison de cette galerie extérieure auroit-elle permis d'y observer, à cette latitude, l'étoile polaire, comme dans le long tube d'un télescope? C'est une idée à laquelle nous ne pouvons pas nous arrêter dans ce Mémoire, qui a un tout autre but que celui d'observations astronomiques.

On doit à M. Jomard, l'un des géographes distingués de l'expédition d'Egypte, des observations curieuses et savantes sur les Pyramides considérées comme monumens astronomiques. Je me trouve heureux de lui avoir offert, depuis la publication de son premier Mémoire, quelques pages à y ajouter, ainsi qu'il m'en a donné le témoignage écrit que j'ai rapporté dans l'avertissement placé en tête de ce Mémoire (1).

Si l'on est fondé à ne reconnoître dans les Pyramides que des tombeaux, quand leur nom est incontestablement égyptien (2), puisque les anciens auteurs ne lui donnent pas une autre dénomination, ni ne les considèrent sous une autre destination, on sera étonné que des écrivains modernes aient répété, après le docteur Shaw, que le sarcophage de la grande Pyramide n'a jamais dû servir ni être destiné à y renfermer les dépouilles mortelles des princes qui les firent élever.

M. Langlès, qui, après le docteur Shaw, a partagé cette opinion

(1) Voir le Mémoire sur le système métrique des anciens Egyptiens, par M. Jomard. — Description de l'Egypte, E. A., tome Ier, chap. 3.

(2) Le nom de *Pyramides*, ainsi que l'écrivent Hérodote, Diodore, Strabon et Pline, est un nom grécisé *(Pyramis idos)* qui ne peut provenir que de la langue Egyptienne. Ce mot, dit Volney, devoit se prononcer *Pouramis* au singulier et *Pouramit* au pluriel de la langue égyptienne. Sa signification littérale, ajouté ce voyageur et savant orientaliste, seroit *caveau*, ou *demeure souterraine du mort....* (Voyage de Volney en Syrie et en Egypte, tome II, page 251, édition de 1787.

Le nom de *Pouramis* pourroit être une prononciation du mot *Pyramis*, qu'Hérodote dit signifier *bon*, *vertueux*, et qui auroit été celui du chef suprême de l'ordre des prêtres de l'Egypte. (Herodot. lib. II, §. 143.) Voir la traduction de Larcher. Paris. 1802.

dans sa nouvelle édition des Voyages de Norden (1), dit « que les
» plus anciens *Sanskrits*, ou livres sacrés des Indiens, font mention
» des Pyramides d'Egypte. On voit dans l'Inde, ajoute ce savant orien-
» taliste, près de Benarès, plusieurs Pyramides moins considérables, à
» la vérité que celles d'Egypte, qui ont des galeries souterraines de
» plusieurs milles de longueur et dont l'air est méphitique. D'après ce
» que les brahmes ou prêtres indiens dirent à sir Wilfort, sur les
» Pyramides d'Egypte, ces monumens devoient être des temples con-
» sacrés au culte de Padmadeo, et le sarcophage, ou plutôt la cuve,
» avoir été destiné à y conserver l'eau sacrée et des fleurs de lotus ».

Nous devons réfuter ici ces dernières opinions, quoiqu'il soit néanmoins très possible, ainsi que le disent quelques anciens écrivains, que
les corps des princes qui firent élever de leur vivant ces Pyramides,
n'aient pas été tous renfermés dans les sarcophages qu'on y a trouvés, et
notamment dans celui de la grande Pyramide de Gyzéh, que tous les
Français de l'expédition ont pu y voir après tant d'autres voyageurs qui
en ont fait mention dans leurs écrits (2). Comment, en effet, soutenir
que ces sarcophages, et d'autres trouvés dans les syringes ou catacombes
royales de Thèbes, de Memphis et autres lieux, n'aient pas été destinés
à y renfermer les dépouilles mortelles de l'homme, contre tout ce qui
existe de plus vraisemblable et de plus analogue au système religieux des
Egyptiens; quand tous les anciens auteurs que nous avons déjà cités,
Hérodote, Diodore, Strabon et Pline, qui tous ont vu ces monumens
dans leur état de perfection, n'ont jamais considéré les Pyramides que
comme les tombeaux des Pharaons? Comment enfin mettre en doute

(1) Voir la dernière édition des Voyages de Norden, publiée par M. Langlès, édition
in-4.º, tome III, pages 246 à 351. Paris. 1802.

(2) On doit dire, quoiqu'avec peine, que le sarcophage en granit rose, dit oriental ou
d'Egypte, que l'armée française trouva encore et conserva en son entier dans la
chambre royale de la grande Pyramide de Gyzéh, fut brisé par quelques soldats de
l'armée anglaise, en 1802, et ce, par ce vain esprit d'ostentation, celui de rapporter
dans leur pays quelques témoignages matériels de leur passage sur cette terre antique.
C'est sans doute à un moment d'absence de la discipline militaire qu'on doit attribuer
cette perte irréparable, puisqu'il est impossible de replacer au lieu sacré de sa première
destination un monument de même nature et des mêmes dimensions.

que les sarcophages trouvés dans ces monumens, creusés ou élevés sur
la lisière du désert, que la nature a condamné à une éternelle stérilité
et à la mort, aient été destinés à servir de tombes (1), quand on les retrouve, ces tombes, au sein d'une ville de tombeaux, où des généra-
tions éteintes et entassées depuis plusieurs milliers d'années y restent
encore en entier, et comme endormies du sommeil de la mort, dans
ces lieux qui appartiennent incontestablement à la *Nécropolis* de l'antique
Memphis?

Nous dirons en dernière preuve, à l'appui de l'opinion que nous
soutenons contradictoirement à celle de Shaw et de Langlès, que les
monumens semblables, quoique très inférieurs en dimensions, que se
firent élever Porsenna à Clusium, en Etrurie, et Caïus Cœstius à
Rome (2), ne sont incontestablement qu'une imitation des Pyramides

(1) Il est difficile de douter que le sarcophage égyptien à forme humaine que nous
avons trouvé au Caire, que j'ai fait transporter avec un autre à Alexandrie, que j'ai
dessiné, et dont le dessin est gravé dans l'ouvrage, ne soit une véritable tombe. Et qui
jamais a mis en doute que les sarcophages qu'on trouve à Rome, et dont quelques-uns
ornent nos musées, ne soient bien des tombes de l'antiquité romaine? Pourroit-on douter
enfin que ces milliers de milliers de tombes en pierre, que nous retrouvons journellement
en France, ne soient des tombes gauloises, quand elles renferment encore les dépouilles
mortelles de nos aïeux? On peut citer comme remarquables les champs mortuaires de
la ville de Chauvigny et du village de Civeaux, situés sur les rives de la Vienne, où
les tombes en pierre, que l'on a comptées jusqu'au nombre de plus de six mille, se
trouvent à la surface même des terres, au point que le soc de la charrue en met journellement de nouvelles à découvert. C'est donc avoir des yeux pour ne point voir,
que de douter en pareille matière.

(2) La Pyramide de Porsenna, Roi d'Etrurie, avoit 300 pieds de côté, et 50 pieds de
hauteur : sa construction doit dater de l'an 247 de Rome, ou 507 avant l'ère vulgaire.
(Plinii lib. XXXVI, cap. 13.)

La Pyramide de Caïus-Cœstius, encore existante à Rome, où je l'ai vue et visitée en
avril 1810, a 130 palmes de côté, sur 164 palmes de hauteur. M. de Lalande dit qu'elle
est assise sur un socle qui a exactement 83 pieds 3 pouces en quarré, sur 113 pieds
de hauteur verticale au dessus du socle. La chambre intérieure, placée dans le centre
du soubassement, a 18 pieds de longueur sur 11 pieds de largeur. Les parois en stuc
sont ornées de peintures soignées. Cette Pyramide auroit été construite dans le siècle
d'Auguste, sous lequel vivoit le septemvir Caïus-Cœstius. (Voyage de Lalande en Italie
tome IV, page 150.)

d'Egypte, et que cette opinion étoit généralement adoptée à Rome dans le siècle d'Auguste.

Si nous avions encore besoin de nouveaux témoignages sur la véritable destination des Pyramides et de leurs sarcophages, nous allons les trouver dans le récit historique et succinct que nous donnons ici de leur ouverture, ou plutôt de la violation de ces monumens éternels de l'empire de la mort sur la terre.

DE LA VIOLATION DES PYRAMIDES.

L'ESPRIT de curiosité, plus encore que celui d'une vile cupidité, naturels à l'homme, le porta souvent à violer et à spolier ces monumens, que la piété et l'espérance consacrèrent, dans tous les temps et chez tous les peuples civilisés, aux dépouilles mortelles de l'homme.

Il paroît que les Pyramides ont été respectées durant une longue suite de siècles, et même sous la domination des Perses, qui ravagèrent tous les temples de l'Egypte, sous la conduite de Cambyse (1), puisque Hérodote, qui lut son histoire aux jeux olympiques de la Grèce, 456 années avant l'ère vulgaire, et plus de 60 ans après la conquête de Cambyse, dit positivement que les pierres du revêtement de leurs faces étoient, en grande partie, parfaitement taillées et polies (2).

On voit, par cet historien, que la plus grande Pyramide auroit été construite par Chéops, qui régna cinquante ans; la seconde par Chephren, son frère et son successeur, qui régna cinquante-six ans, et la troisième et la plus petite, par Mycerinus, qui leur succéda. Ce dernier prince, ajoute Hérodote, chercha à faire oublier les maux dont furent accablés les Egyptiens durant les cent six années des règnes de ses deux prédécesseurs.

(1) La conquête, ou plutôt la dévastation de l'Egypte par Cambyse, date de l'an 4182 du monde, répondant à l'an 235 de Rome, et à 518 années avant l'ère chrétienne. Alexandre, vers l'an 422 de Rome, 4368 du monde, et 332 ans avant l'ère vulgaire, termine la domination des Perses pour faire place à celle des Ptolémées successeurs de ce dévastateur de l'Asie. Jules-César, cet autre dévastateur des Gaules, termine celle des princes grecs, 285 années après Alexandre.

(2) Hérodot. lib. II, §§. 134 et 137.

Or Chéops, que Diodore nomme Chemmis, régnoit l'an 3536 de la période julienne, ou 1178 années avant l'ère chrétienne. Ainsi les deux plus grandes Pyramides du nome de Memphis avoient donc déjà six à sept cents ans d'antiquité à l'époque où Hérodote les visita, puisqu'elles furent construites sous les règnes successifs des deux mauvais princes Chéops et Chephren, dont la mémoire, ajoute cet historien, fut en horreur aux Egyptiens.

De tous les dominateurs de l'Egypte, les Mahométans (1), après y avoir substitué au signe religieux de la Croix celui du Croissant, paroissent avoir été les premiers spoliateurs des Pyramides. Nous allons donner l'historique des diverses tentatives faites par les princes Sarrasins et Ottomans, d'après l'autorité de quelques écrivains arabes, dont la traduction appartient à M. Langlès, précédemment cité pour ce dont nous lui sommes redevable avec MM. les Membres de la Commission qui ont donné des Mémoires dans le grand ouvrage sur l'Egypte.

« L'an 217 de l'hégire, ou 832 de J.-C., le khalife Al-Mamoùm-ben-
» Haraoùn-el-Raschyd, qui fut le protecteur des sciences, étant à Mem-
» phis, se détermina à faire démolir une Pyramide : on y travailla
» pendant deux années. L'entrée en ayant été découverte, on pénétra
» dans les galeries intérieures, dans lesquelles on trouva des chauves-
» souris grosses comme des aigles. Ibn-Redhowan rapporte que les
» ouvriers qui y pénétrèrent parvinrent à une salle carrée où ils trou-
» vèrent un tombeau de marbre. Cette chambre renfermoit une statue
» d'homme en pierre verte comme une émeraude. Cette statue,
» qui parut creuse [on a voulu dire la caisse de momie], avoit
» la forme humaine, et contenoit le corps d'un homme enveloppé
» d'une plaque d'or fin, enrichie d'un grand nombre de pierres pré-
» cieuses. Il avoit sur la poitrine la poignée d'une épée sans prix, et
» sur la tête un rubis gros comme un œuf de poule, qui brilloit comme
» la flamme : Al-Mamoùm prit ces objets. J'ai vu moi-même, dit l'his-
» torien arabe, la momie recouverte d'or que l'on avoit retirée du

(1) Le Mahométisme ou secte de Mahomet, date de la conquête de l'Égypte par A'Mroù, lieutenant du khalife O'Mar, l'an premier de l'hégire, ou 622 de l'ère chrétienne.

sarcophage :

» sarcophage : elle étoit près du palais royal de Fostath, l'an 511 de
» l'hégire, ou 1117 de J.-C. »

« Dans l'une des chambres sépulcrales de cette Pyramide (ou de
» l'une des quatre grandes ouvertes), dit un autre historien arabe,
» on trouva un tombeau surmonté du plus beau brillant. Sur chacune
» de ces tombes étoient deux statues représentant un homme et une
» femme tournés en face l'un de l'autre : l'homme tenoit en main une
» table de pierre portant une inscription ; la femme tenoit un miroir
» dont la monture étoit sculptée et dorée. Un vase de pierre, avec
» un couvercle d'or, contenoit du sang frais qui se coagula et se
» dessécha au contact de l'air. La pierre du tombeau ayant été levée,
» on y trouva les deux momies de l'homme et de la femme, très bien
» conservées. La salle contenoit des idoles debout et renversées, avec
» des outils dont on ne connoît plus l'usage. »

L'an 265 de l'hégire (878-79 de J.-C.), Ahhmed-ben-Thouloùn
fit aussi faire des fouilles aux Pyramides. On ne désigne pas celle à laquelle ces fouilles furent faites. On y trouva un bassin de pierre rem-
pli de dynars, monnoie d'or de ces temps. L'inscription trouvée sur
la momie portoit : « Le roi Souryd étant mort, fut porté dans la
» Pyramide orientale ; Hardjyb fut renfermé dans la seconde, et Ke-
» rouès dans la troisième, celle revêtue en pierre thébaïque par le bas,
» et par le haut en pierres nommées *kerdán* ».

Suivant l'historien Ibrahim-ben-Ouchif-Chab, les deux grandes Pyramides furent construites par Souryd, fils de Ssahloùq, treizième roi
de la dynastie anti-diluvienne, qui régnoit à Amsoùs, 300 années avant
le déluge. « La prédiction d'un déluge d'eau et ensuite de feu, qui
» devoit jaillir de la constellation du lion, les lui fit entreprendre. On
» y renferma des trésors, le dépôt des arts et des connoissances hu-
» maines : on y grava le système planétaire des mondes, &c. On les
» entoura de figures de monstres et de talismans : le sphinx en est
» encore un témoignage existant (1). »

(1) La traduction du papyrus qui porte cette prédiction, dit le même auteur arabe,
en fut faite l'an 225 de l'hégire, 839-40 de Jésus-Christ, ou 4321 années solaires après

4

Le voyageur français Vansleb rapporte la traduction d'une inscription hiéroglyphique trouvée sur une momie renfermée dans les catacombes du couvent Abòu–Hermès. A sa lecture, il semble en entendre, de la bouche prophétique même des savans de l'Egypte, les expressions de leur esprit mystique et sentencieux.

« D'après nos observations astronomiques, nous avons prévu qu'un » fléau descendroit du ciel et sortiroit de la terre. Ensuite nous avons » cherché à savoir quels seroient ses effets, et nous avons reconnu » qu'il ravageroit la terre (1). »

On voit qu'il importoit de réunir les citations des écrivains arabes à celles faites précédemment des auteurs anciens, puisqu'elles viennent parfaitement à l'appui de l'opinion que j'ai suffisamment développée sur l'objet et la destination de ces monumens.

L'an 565 de l'hégire (1170 de J.-C.), dit Schemsed-Dyn, l'émir Karaqoùsseh, surintendant des bâtimens d'Egypte, fit démolir, sous le règne de Saleh-ed-Dyn-ben-Youçef, quelques-unes des petites Pyramides qui environnent les grandes de Gyzéh. Les pierres furent transportées au Caire, et employées à la construction de Masr-el-Atyqa, ainsi qu'aux enceintes de la ville et de la citadelle du Caire.

L'an 961 de l'hégire (1552-53 de J.-C.), Mohammed-Pacha, que les Arabes nomment le second vainqueur de l'Egypte après Sélim, et trente années après, Ibrahim-Pacha, voulurent faire sauter une des Pyramides par l'effet de la poudre à mine ; mais, sur l'avis de personnes éclairées, ces princes furent détournés de ce projet insensé par la crainte d'une trop forte explosion pour la ville du Caire.

Quelques années avant notre expédition, Mourad-Bey fit aussi faire quelques tentatives pour découvrir l'entrée de la troisième Pyramide

la construction de cette Pyramide, sous le règne du khalyfe Mo-Tassim-Billah-ben-Haraòun, frère et successeur d'Al-Mamòum.

(1) Cette prédiction est rapportée par divers auteurs arabes, qui disent que celui qui fit la traduction de l'écriture hiéroglyphique de ce papyrus, étoit un moine qobte, du monastère de Qelymoùn, situé dans le Fayoùm. (Voir le Voyage de Vansleb en Orient, fait et imprimé en 1673.)

de Gyzéh : ces fouilles, dont nous avons retrouvé les tracés sur la face nord, restèrent sans succès et furent abandonnées.

Enfin deux de nos collègues, MM. Lepère et Coutelle, membres de la Commission des sciences et arts, furent chargés, dans les premiers mois de 1801, par le général en chef de l'armée, alors M. Menou, que j'accompagnai assez habituellement dans ses reconnoissances militaires et autres, durant presque tout le temps de notre occupation de l'Egypte, de faire démolir la dernière petite Pyramide, celle située à l'angle sud-ouest de la troisième des grandes de Gyzéh. Cette tentative, dont le travail dura près de trois mois, fut également sans succès, et n'eut pour résultat que de faire connoître l'immensité des travaux et du nombre de bras qu'on dut employer à la construction de ces montagnes artificielles.

RÉSUMÉ.

Nous avons fait connoître les causes physiques qui ont porté les Egyptiens à se faire construire dans les Pyramides des tombeaux éternels; nous avons parlé de celles d'une nature plus élevée dans le dogme de *l'immortalité de l'âme*, que les Pyromis, ou prêtres de l'Egypte, auroient professée aux peuples antérieurement aux mages de la Chaldée et aux brahmes de l'Inde.

Orphée, qui vivoit 300 années après Moïse, et après lui Hésiode et Homére, ont parlé dans leurs poëmes de ce dogme sublime. Après eux Thalès, Solon, Phœrecyde, Pythagore et Platon, qui tous avoient voyagé en Egypte, où ils avoient été initiés aux mystères des Pyromis, y ont puisé cette doctrine qu'ils ont répandue en Ethiopie, en Chaldée, en Phénicie, en Mésopotamie, dans la Grèce, chez les Gaulois, chez les Celtes et jusque dans l'Inde.

César nous apprend, dans ses Commentaires (1), que les Bardes et les Druides, prêtres des Celtes et des Gaulois, professoient et enseignoient aussi le dogme de l'immortalité de l'âme. Nous ne connoissons rien autre chose de la religion de nos ancêtres, parce que, dit ce dévastateur

(1) Cæsar, de Bello Gallico, lib. VI, XV.

des provinces gauloises, les Druides n'écrivoient rien de leurs mystères ni de leurs dogmes religieux; ils se bornoient à en confier des vers ou maximes à la mémoire des adeptes.

Nous terminerons ce Mémoire par les dernières expressions de notre opinion personnelle, que, systématiquement parlant, nous adopterions encore, si elle n'étoit pas en nous celle d'un sentiment vrai sur la des-tination religieuse de ces monumens.

On doit considérer les Pyramides sous le rapport le plus simple et le plus naturel de le concevoir, celui du respect profondément religieux que les Egyptiens avoient pour les morts, c'est-à-dire comme des tom-beaux, et, sous cet unique point de vue, comme les témoignages éter-nels d'un principe physiquement vrai dans leur système de la métem-psycose, celui de *l'éternité de la matière sous diverses transformations,* enfin à l'anti-révélation du dogme sacré de *l'immortalité de l'âme.*

La religion chrétienne, à laquelle l'Europe et une partie des deux mondes doivent leurs connoissances et leur civilisation actuelles, après avoir épuré la sublimité de ce dogme divin, en a fait la base fonda-mentale de son mystérieux édifice : c'est donc à la préexcellence du christianisme, dans toute la pureté de sa primitive Eglise, à en conserver à jamais le souvenir, pour la consolation, l'espérance et le bonheur de l'homme sur la terre.

> Oui, le Dieu qui forma l'astre éclatant du jour,
> Y prit le feu divin dont il créa notre âme !
> Oui, dans le cœur du juste, une immortelle flamme
> Doit rayonner de gloire au céleste séjour.

Puisse ce simple chant, que le sentiment d'un sujet aussi religieux a inspiré, être gravé en lettres impérissables sur le frontispice de tous les temples élevés au Dieu créateur de toutes choses, et l'être plus profon-dément encore dans l'esprit et le cœur de tous les hommes !

FIN
IMPR.

www.ingramcontent.com/pod-product-compliance
Lightning Source LLC
Chambersburg PA
CBHW060806280326
41934CB00010B/2583